FELICIDADE

Gabriel Chalita

FELICIDADE

Planeta

Copyright © Gabriel Chalita, 2011

Revisão: Fernanda Almeida Umile
Diagramação e capa: SGuerra Design
Imagens: Shutterstock © 2011

Dados Internacionais de Catalogação na Publicação (CIP)
(Câmara Brasileira do Livro, SP, Brasil)

Chalita, Gabriel
Felicidade / Gabriel Chalita. – 1. ed. – São Paulo :
Editora Planeta do Brasil, 2011.

ISBN 978-85-7665-633-3

1. Felicidade - Citações, máximas etc. I. Título.

11-04802   CDD-808.882

Índices para catálogo sistemático:
1. Felicidade : Citações : Coletâneas : Literatura 808.882
2. Felicidade : Máximas : Coletâneas : Literatura 808.882

2012
Todos os direitos desta edição reservados à
Editora Planeta do Brasil Ltda.
Avenida Francisco Matarazzo, 1500 – 3º andar – conj. 32B
Edifício New York
05001-100 – São Paulo – SP
www.editoraplaneta.com.br
vendas@editoraplaneta.com.br

Para Sérgio Amado

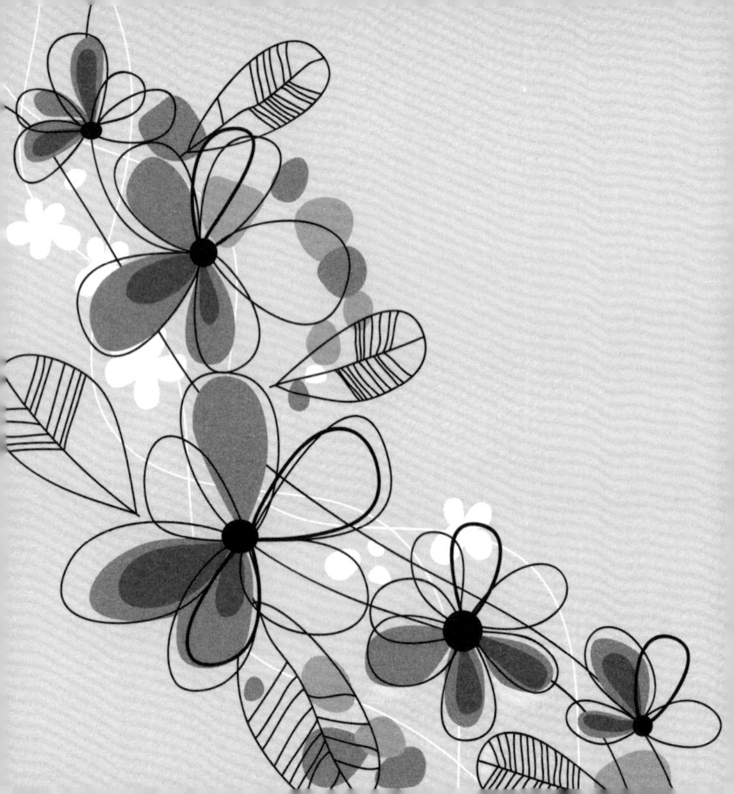

Quem quiser experimentar a felicidade...

comece amando.

Ver o que se vê todos os dias e, ainda assim, ver.

E, ainda assim, não perder a capacidade de êxtase...

Nem de indignação.

A felicidade só deixa de ser utopia quando nos completamos com a inteligência e com o afeto do outro.

Não entendo a tristeza como ausência de felicidade. Elas coexistem.

Talvez, a tristeza seja apenas ausência de alegria.

Será que as pessoas que mais sofrem
são as que mais amadurecem?
Será que a dor é que tem o poder
de dar majestade ao amor?

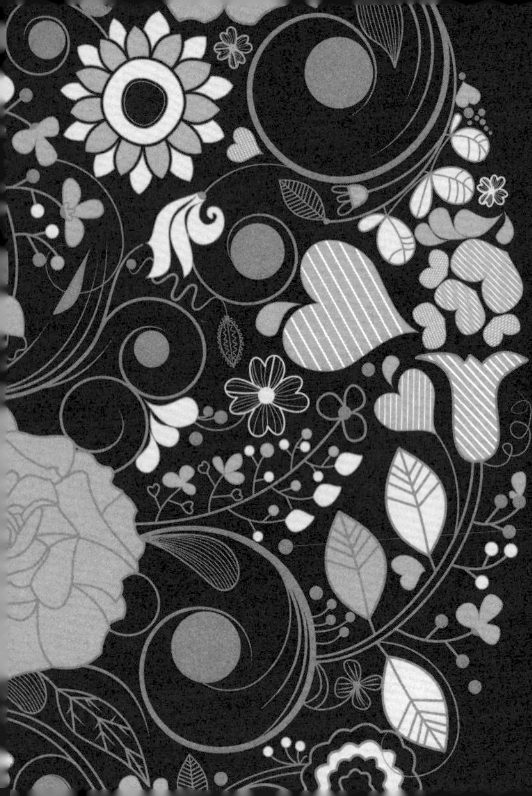

Sacrifícios por amor têm menos dor.

Há muito a construir todos os dias…
Sinceridade, coragem e amor fazem toda a diferença.

Cada um tem de experimentar o território
sagrado do silêncio e da solidão.
E cada um, para existir – de fato –, tem
de dar conta do próprio vazio.

É um desperdício deixar o burburinho interminável da teimosia roubar a preciosidade do silêncio.

A fidelidade se nutre do alimento do cuidado,
da permanência, da reinvenção.
Amigos ou amantes têm de reinventar os sentimentos,
para que eles não se percam nas esquinas da mesmice.

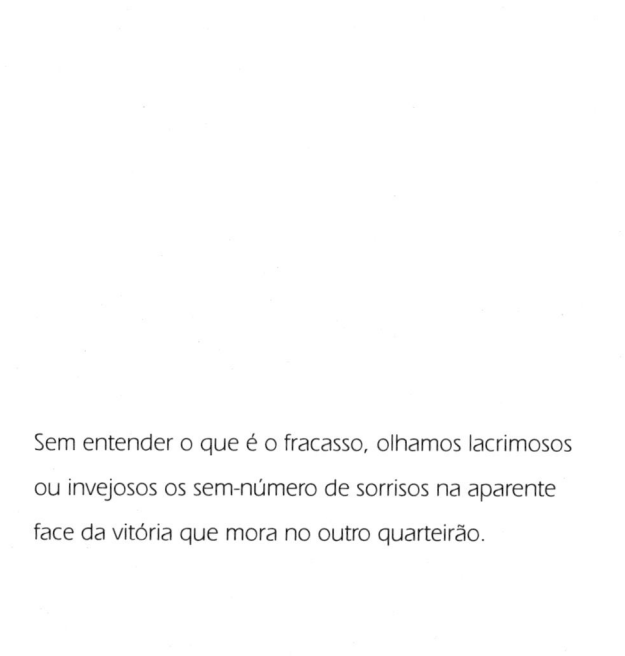

Sem entender o que é o fracasso, olhamos lacrimosos ou invejosos os sem-número de sorrisos na aparente face da vitória que mora no outro quarteirão.

O sorriso treinado é falso.

A vida não é pose para fotografia.

A vida é viagem em que a bagagem deve ser proporcional à necessidade do viajante.

É triste perceber como a frivolidade tomou conta das relações, sejam afetivas, sejam profissionais. Fala-se o que se deve, não o que se sente.

Já fiz coisas que não quis por não saber dizer *não*.

Já fiz coisas que quis e das quais me arrependo.

Já deixei de fazer o que devia por medo de magoar

e já fiz o que não devia apenas para agradar.

A verdade precisa nos acompanhar,

mesmo que, em um primeiro momento,

tenhamos de sacrificar o aplauso.

O que é maior: os que escalam a montanha
ou a montanha? Os barcos que saem
ou o oceano que os recebe?
Somos todos pequenos e, paradoxalmente, imensos.

Saímos e encontramos.
Sem saída, não há encontro.

Não há êxtase

sem êxodo.

E o êxodo conduz,

generosamente,

ao êxtase.

Quem determina o belo e o feio?

A mais linda, o mais belo?

E em que idade?

A idade do entardecer é tão bela

quanto a idade do amanhecer.

A beleza não é uma qualidade própria das coisas.

Ela existe no espírito que as contempla,

e cada espírito percebe uma beleza diferente.

Se choramos os medos que nos atormentam, é porque as tormentas são mais fortes que nossa resistência.

É preciso dar boniteza à travessia.

O tempo é como o rio que,

inexoravelmente, ruma ao mar.

E o rio, às vezes, frequenta cenários deslumbrantes e

não pode parar, nem assim, para contemplá-los melhor.

Outras vezes, penetra em paragens

desconcertantes, incomodativas, e tem

de percorrê-las sem o tempo da pressa.

É o curso. É o tempo. Penoso e feliz. Desconhecido.

É preferível partir a conviver com a hipocrisia.
É preferível ver de longe a frequentar os bastidores da avareza humana.

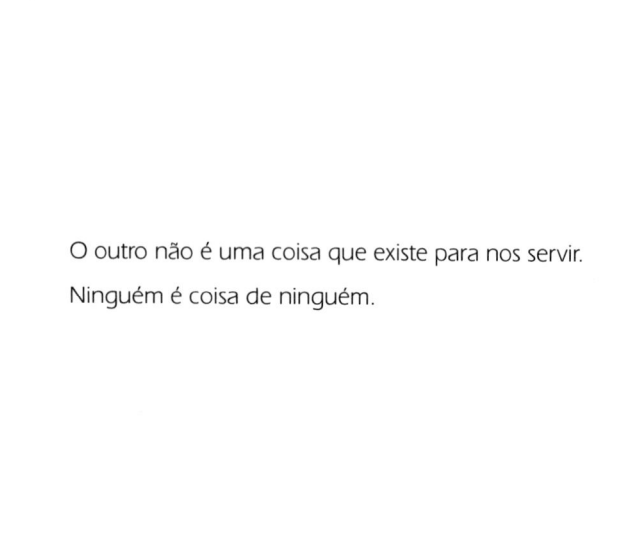

O outro não é uma coisa que existe para nos servir.

Ninguém é coisa de ninguém.

Elevados, enxergamos melhor.

E o que vemos nos alimenta para novos voos.

Para voar, é preciso fé.

E, se o voo nos aproximar da luz,

a volta será completamente diferente.

A beleza da trajetória está, inclusive,
na efemeridade das paisagens.

E, depois da noite, vem o dia.

E, depois da chuva, vem o sol.

Por que partir na noite ou na chuva?

Por que não se aliar ao tempo e esperar

que ele diga o momento da partida?

Quanto mais pensamos, mais nos conscientizamos de que tudo é apenas reflexo da imagem provisória que temos de nós mesmos.

Os riscos da subida tornam a chegada ainda mais esperada.

A carência faz com que falemos
de tudo com todo mundo
e pensemos em nada
daquilo que temos de decidir.

Lamentavelmente, decidimos em busca do aplauso alheio, e não como uma resolução de quem visita o templo da alma.

Magoamos o outro quando partimos sem explicação,

talvez porque não haja explicação para a partida.

A felicidade está na ação, não na passividade.
É o ato de dar que nos engrandece,
não a espera do receber.

Quem apenas recebe e não experimenta a entrega não consegue ser feliz.

O que nos dá a amargura nos lábios ou a vagueza nos olhos não é o tempo, mas o que fazemos com ele.

São as pontes, não os muros, que nos ajudam a encontrar a beleza na diferença. Isso é a felicidade.

Não teime em requisitar explicações para dias sombrios. Aguarde as nuvens partirem.

É preciso buscar sempre,

porque sempre há algo a ser encontrado.

Se a existência cotidiana lhe parece pobre, não a acuse. Acuse a si mesmo, que não é bastante poeta para extrair-lhe as riquezas.

Contemplando esta paisagem, de mãos dadas,
percebemos que o que passa pode permanecer.

Quando me lembro de certas coisas, pergunto-me por que perdi tanto tempo com desnecessidades.

É simples: com o acidental, não perca tempo.
Já o essencial, agarre.

Houve um tempo em que nos sentávamos
e ficávamos a sós, nus, limpos, sem receio
de que nos descobrissem assim.

Jogue fora tudo aquilo que lhe pesa e comece a guardar os tantos poemas que o elevam, além dos pedaços de amor, inteiros, espalhados por aí.

Não nego a carência que tenho, tampouco

os exageros que vivi, tentando buscar no

outro o que não consegui em mim.

Não nego as projeções erradas, os erros repetidos

e as migalhas que, sem juízo, aguardei.

Só nego a apressada acusação de que paro por aqui.

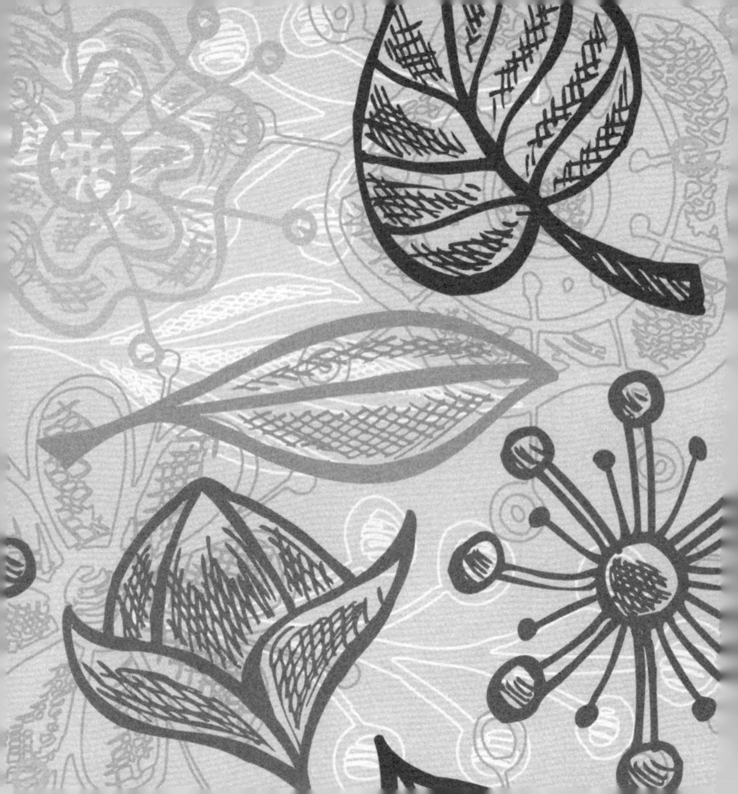

No espelho de nossos sentimentos,

há apenas o que somos.

É o suficiente.

Recoste seu cansaço e escute minha oração.

Gostaria de ter o poder de voltar,

nem que fosse para assistir, de outro ângulo,

ao que fiz e ao que me fizeram.

Nas páginas amarelecidas da vida,

há histórias que merecem ser revividas.

Há outras que merecem ser repetidas.

Esquecidas? Nenhuma.

Todas cumpriram seu papel.

O sofrimento não nos rouba a felicidade.

Eles são capazes de conviver.

O sofrimento nos aproxima do que somos.

Sem disfarces.

A felicidade mora comigo.

Pena que, às vezes, me esqueça.

Não há ser humano que não tenha
sido criado para a felicidade.
Há seres humanos que, por razões diversas,
resolveram sabotá-la, escondê-la ou negá-la.
Mesmo trancafiada em sentimentos menores,
ela sempre estará presente, tal qual uma
noite de luar diante de janelas cerradas.

Abra a janela e veja o que o espera.

Basta um pouco de coragem.

Levante e enfrente a luz que, às vezes, incomoda.

Só no início.

Há sentimentos que nos
trazem tamanha beleza...
Autorize-os a permanecer.

Por pouco, teríamos nos perdido antes de termos nos encontrado.

Agora, estamos nós e o silêncio

e algum compasso saliente.

Chore a dor da saudade que incomoda, chore a perda da partida, chore a miserável condição do abandono.

Chore o tempo que passou e o que passou sem tempo.

Chore a presença ausente e a ausência.

Chore sem economias nem receios.

Depois, pegue dentro de você o que ficou.

E fique nessa companhia agradável, limpa, inteira.

E sorria.

Cuidar! É para isso que nascemos.

Quando você se for, talvez eu não esteja aqui.

Se estiver, estarei.

Morrerei morrendo em você.

Se não estiver, esperarei.

Sem amor, morro antes de morrer.

O excesso de respostas atrapalha a saudável convivência com as dúvidas.

Calma. Foi apenas um pesadelo.

Do alto, quase não se vê o desnecessário.

No dicionário do amor, moram doces palavras:

"saudade", "esperança"...

E algumas outras.

Enquanto o luar atravessa a velha cortina,
rasgada pelo tempo, lembramo-nos de
que ainda estamos enamorados.

Supere essa ânsia de perfeição.

Encontre beleza nas rasuras.

Vem sem pressa.

Apressa os dizeres leves.

Leva os meus ternos desejos.

E deseja mais uma vez.

Sem pressa.

Volta para casa.

Em meio a rachaduras e a alguma feiura saliente,

há o aconchego que arde…

Demorei para te amar.

Teimei em esperar.

Acreditei nos percursos enganosos.

Fiz da escuridão minha tenda.

Venci a vergonha da escolha teimosa

e mudei de opinião.

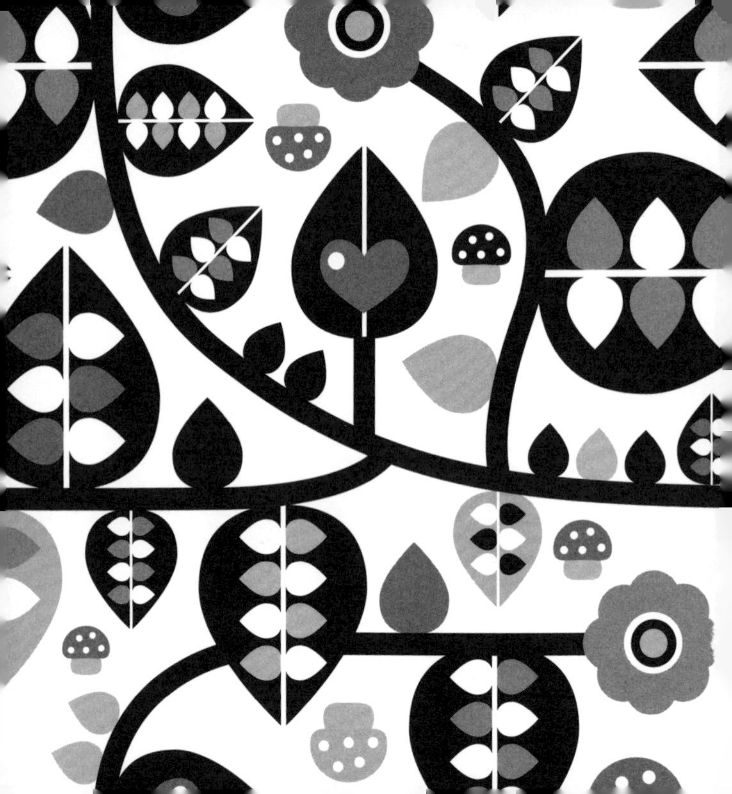

Por que não chorar?

Por que não permitir que a dor tenha a sua versão?

Quando?

Quem?

Como?

Onde?

Por quê?

Para quê?

Mesmo sem respostas, é melhor prosseguir.

Encontre em si mesmo razões para ficar

ou para partir. Por favor, fique.

A tristeza nos deixa nus.

É bom nos vermos assim, sem disfarces.

Depois, a felicidade.

Você tem certeza?

Eu também tive.

Ah, arrependimento incômodo.

Não contribua para o lamentável

ofício dos atiradores de pedras.

Levante-se.

Ah, colo amado.

Aqui descansam meus erros e meus acertos.

Aqui dormem minhas angústias e minhas inquietações.

Olha bem para você.

Talvez eu conclua que não te mereço.

Mas, por favor, fica.

Quanta ternura pela sua lembrança.

Quanto arrependimento

pela minha partida.

Parti-me quando parti.

Ontem, éramos felicidade.

E hoje?

Esperança?

Há, em mim, segredos estranhos.

Não consigo desvendá-los.

Empreste-me sua sabedoria.

Tanta angústia por nada.

Nada e aproveita para fortalecer os músculos.

Não se pode conferir ao outro o poder
de encerrar o nosso tempo.
Cada um tem o direito de conduzir a própria história.

Que o dia de hoje traga, como todos os dias, sabor de novidade.
É o paradoxo do novo que se repete.

As pessoas são diferentes.

Administrar relações requer talento,

sensibilidade, cuidado.

Como é bom encontrar pessoas que
vibram por aquilo que fazem.
Os desanimados não sabem o que estão perdendo...

Deixar de acumular ressentimentos é

não se enjaular no passado.

O futuro mora logo ali e pode ser belo.

A consciência de que somos todos inacabados nos alimenta de possibilidades.

Respeitar o outro e a mim mesmo ajuda a compreender que, na trama das relações, não há melhor ou pior.

A tristeza faz parte da vida.

Sentir saudade não nos rouba a felicidade;

ao contrário, devolve-nos a essencialidade.

A amizade é um bom caminho para vencer a solidão.

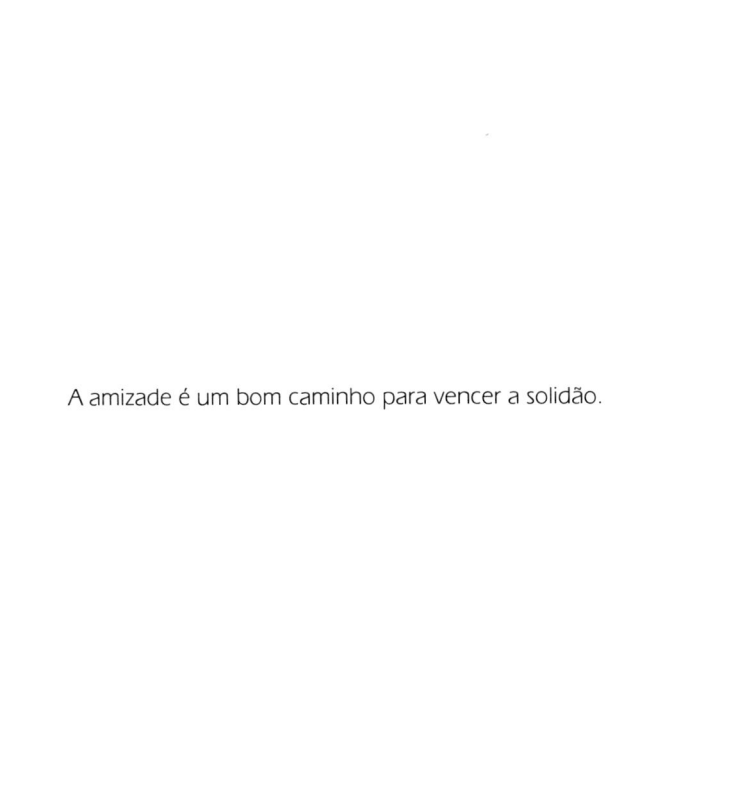

Dificuldades, problemas, decepções: todos nós temos.
Mas, com dignidade, somos capazes de prosseguir.

Carecemos do simbólico.

Um olhar, uma pausa, um gesto de amor...

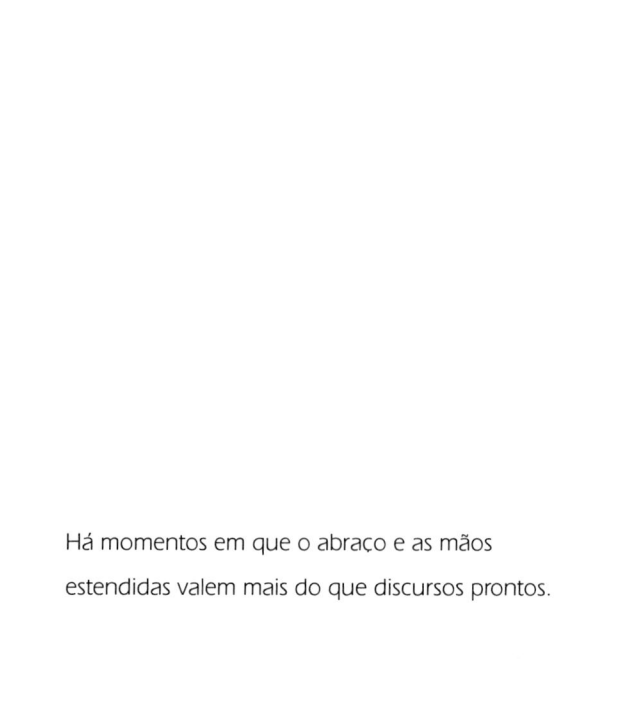

Há momentos em que o abraço e as mãos estendidas valem mais do que discursos prontos.

Resgate os valores adormecidos e deixe-se conduzir à felicidade.

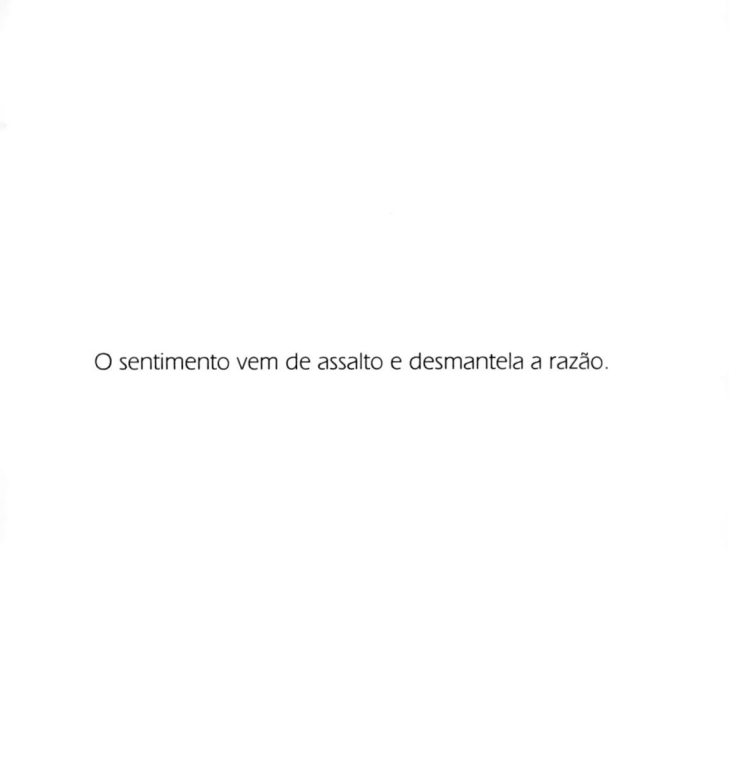

O sentimento vem de assalto e desmantela a razão.

Alimente seus sonhos.

Infelizes são aqueles que passam a travessia
a desconstruir a imagem alheia.
Vivem de restos de destruição.

Vibrar pelas pessoas torna o caminhar muito mais poético.

Temos este poder.

O poder de dar significado às pessoas que amamos.

O poder de tirá-las do meio da multidão.

Às vezes, é melhor não falar e ter a paciência de dar tempo ao outro, para que conclua as suas imperfeições.

Sentir a ausência de alguém é dar sentido a sua existência.

Coisas, aqui e ali, que roubam um

sorriso, um abraço, um suspiro.

É tudo puro, é tudo lindo.

Matérias-primas de que fomos feitos são duas,

paradoxalmente duas: pó e amor!

O pó nos iguala.

O amor nos identifica.

Há tantas formas de amar...

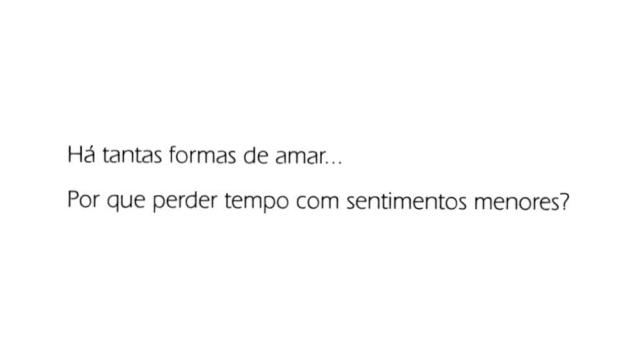

Por que perder tempo com sentimentos menores?

Razão sem emoção, alma sem corpo e dever sem prazer são maniqueísmos que prejudicam o equilíbrio das coisas.

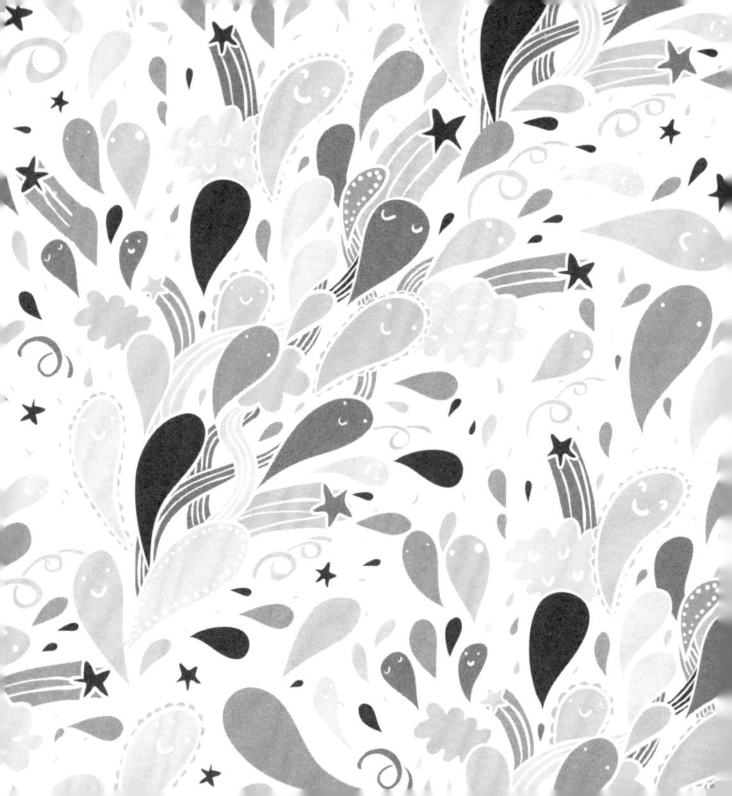

Vivemos tempos em que as pessoas agem na expectativa da reciprocidade.
Tempos em que os adornos valem mais que o essencial.

Os tropeços assumidos costumam gerar capacidade de clareza e de verdade, porque nos humanizam, nos fortalecem, nos enriquecem.

As aparências fragilizam-se com o tempo; a essência, não!

Não devemos buscar pessoas perfeitas na vida...

Elas não existem.

É preciso amar as imperfeições.

Vencer pesando ou pisando nos outros decididamente não é vencer.

A dor de uma separação não justifica o fim.
A vida é maior do que um momento.
É o tempo o segredo.

Temos de nos conhecer para reconhecer que somos o resultado de nossas escolhas.

Dizer *não* é exercício de maturidade.

A boa palavra se alimenta de silêncios, de pausas...

A surpresa que traz a dor traz também a resistência.

Com alegria e com muita beleza, faça poesia.
Se precisar, só se precisar, convide a tristeza.

Temos de atentar para o fato de que podemos ser belíssimos, prontos para aproveitar a primavera e para viver a doçura de uma vida harmoniosa e pacífica.

O sol depois da chuva é mais bonito
que o sol de todo dia!

A vida é cheia de tropeços.

É tão bom saber que há pessoas que nos amam independentemente das nossas quedas...

Entusiasmo, semântica linda.
Entusiastas, pessoas que têm Deus,
sintaxe da boa convivência.

A ação humana tem sido infeliz na relação com a natureza.
Estamos destruindo nossa casa.

A amizade é um sentimento leve que eleva.

Nada de egoísmo nem de competições.

Cumplicidade!

As pessoas tornam-se infelizes quando projetam nas outras a própria felicidade.

A vida terrena é uma passagem.
A beleza está em fazê-la grande.

É preciso amar as pessoas sem economias...
É melhor chorar de saudade que de remorso.

Solte a presa.

Não há felicidade em gaiola alguma. Nem nas de ouro.

Sem liberdade, não há amor.

Reguemos com cuidado, para não agredir o jardim que nos enfeita.
Não importa o tempo de sua existência.
O que importa é a sua finalidade.

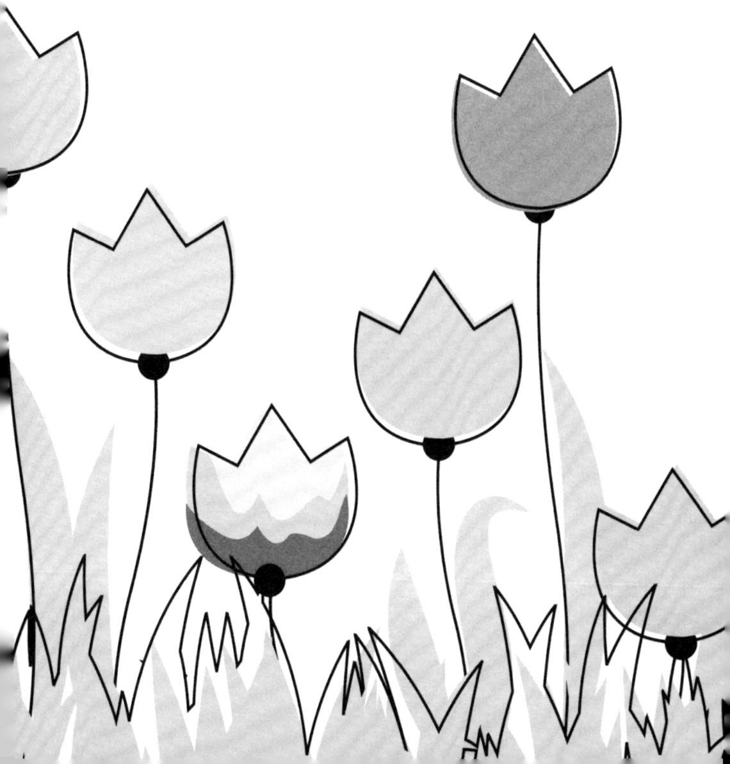

Apenas uma frase antes de sua decisão:
"Fique, meu amor".

Deixemos as utopias permanecerem conosco,
mas sem desconvidar a realidade.

Não desperdice a delicadeza deste momento.

Consegue ouvir o som?

Consegue distinguir o cenário?

Ah, que prazer estar com você!

Vamos decidir juntos?

Posso sugerir?

Nada de exageros nem de ausências.

Assim é que se vive um grande amor.

Fui enganado mais uma vez.

E, mais uma vez, levantei-me.

Onde estão os outros que me enganaram?

Enganando?

Talvez.

É tarde.

Fiz o que tinha de ser feito.

Vivi os meus erros.

Acertei também.

Faria tudo de novo?

Não sei.

Sei que é tarde e que não há mais tempo.

Tempo – como eu gostaria de dominar-te.

É tarde.

Errei por ingenuidade.

Abri a porta da inocência e não percebi quem entrava.

A ferida está melhor.

Abandonei o hábito teimoso de perturbá-la.

Amanhã, terei, enfim,
coragem para abrir
a janela e respirar.

Ainda não consigo
conviver com a morte.
Ela levou amores que
me fazem falta.
Ela deixou feridas abertas
que me incomodam.
E sem explicação.

Os céus, prematuramente, arrebataram meu amor.

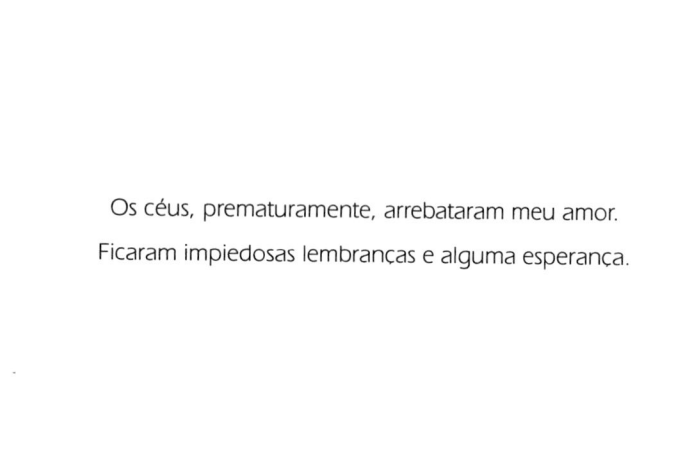

Ficaram impiedosas lembranças e alguma esperança.

Venha comigo.
Sei que a desconfiança tem razão de ser,
mas não se negue a experimentar.
Só há acerto quando há tentativas.

O amor não se preocupa com detalhes
para reparar o imperfeito.
Ao contrário, utiliza os detalhes para fazer perfeito
aquilo que deve ser reparado com cuidado.

Amigos compreendem que o erro
faz parte da apresentação.
Aprendemos com os erros e, com os erros,
nos compreendemos mais humanos.

Amigos têm o poder da unicidade.
Amigos não merecem a economia
de nossos sentimentos.

Se o convite é para o banho de cachoeira,

para que perder tempo com a bica rala?

O outro não é um pedaço que vai preencher
um buraco do manto que me aquece.
O outro é um manto inteiro.
Mas um outro manto.
Diferente do meu e, portanto, necessário.

Na solidão das nossas decisões e no vazio das nossas escolhas, vamos percebendo quem é necessário e quem não entendeu o que é amar.

Dor e esperança.
São esses os amigos que vão me
fazer companhia nesta noite.
Amanhã é outro dia.

Vivemos numa época em que o tempo
foi perdendo o significado.
Lamentamos a ausência de tempo e desperdiçamos
o tempo com a ausência de intenções.

As janelas fechadas significam que a casa está sendo arrumada, que a sujeira está sendo limpa e que os enfeites estão encontrando o seu espaço para adornar e dar aconchego.
Há o tempo da reforma e o tempo da inauguração.

Onde há amor, não há competição, há cooperação.
Onde há amor, não há vencedores e derrotados, há seres iluminados que não poupam nem usurpam a luz. É uma troca.

Lutas de amor sem amor são inglórias.

Pedaços de tecido arrancados de forma humilhante não aquecem, migalhas pedidas com suplicação não espantam a fome.

E, aí, é necessário convidar o tempo, não para buscar o amor que consuma o tempo da gente, mas para compreender um amor consumido por nunca ter existido.

Ilusões moram em nossa casa e atormentam-nos.

Alimentam-nos de desperdício.

E esperamos.

Mas o que fazer se o amor teimar em não chegar?
Pergunta contraditória.
O amor nasceu junto.
O sol não pode sair em busca de calor
se é ele a essência do calor.
O amor é nossa matéria-prima.
Nós somos o amor.
Um amor que, miraculosamente, é uno e múltiplo.
É singular e plural.
O amor pede, tem licença para desdizer a lógica.

Se o pássaro quiser ir, o melhor é abrir as mãos e ter a dignidade de dizer adeus. A despedida será dolorosa, mas o tempo se encarregará do necessário.

Sobre o autor

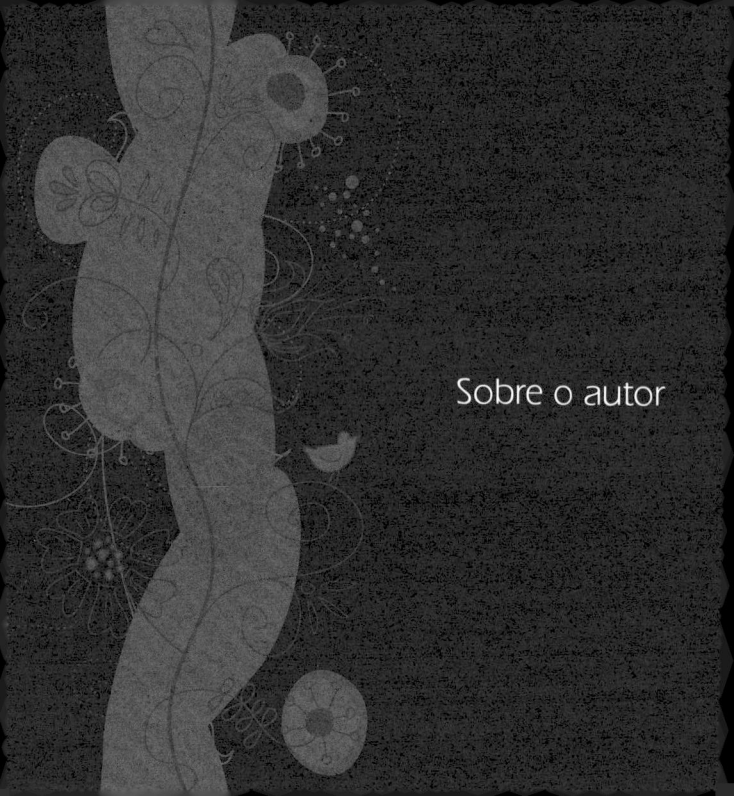

GABRIEL CHALITA nasceu em Cachoeira Paulista (SP), em 1969. Graduado em direito e em filosofia, é mestre em ciências sociais e em direito pela Pontifícia Universidade Católica de São Paulo e doutor em comunicação e semiótica e em direito pela mesma universidade.

Sua obra é composta por mais de 50 títulos, de vários gêneros, da poesia aos ensaios de filosofia e direito, do infantil aos contos e romances. Foi secretário de Educação do Estado de São Paulo e presidente do Conselho Nacional de Secretários de Educação. É professor dos programas de graduação e pós-graduação da Pontifícia Universidade Católica – SP, da Universidade Presbiteriana Mackenzie e das Faculdades Metropolitanas Unidas – FMU. É membro da Academia Paulista de Letras e da Academia Brasileira de Educação. Foi o vereador mais votado do Brasil, nas eleições de 2008. No ano de 2010, elegeu-se deputado federal com mais de meio milhão de votos.

Este livro foi composto em Ergoe
para a Editora Planeta do Brasil
em Fevereiro de 2012.